◆印は不明確な年号、ころの意味です。

西暦	日本の動き	アジア・アフリカ
1785		
786		タイソン朝ベトナムを統一
792		アラビアでワッハーブ派の…
793		イギリス使節マカートニー北京に到着
796		清＝白蓮教の乱
800		
802		阮朝成立　阮福映、ベトナムを統一
805		エジプト＝ムハンマド・アリー、太守となる
811		イギリス＝オランダ領東インドを占領
819		イギリス＝シンガポールを領有
824		イギリス＝マラッカを領有
825		ジャワ戦争　島民がイギリスに対して反乱
839		ムハンマド・アリー、エジプト独立運動 清＝林則徐、広州でアヘンを没収
840		アヘン戦争（―1842）
842		清＝イギリスと南京条約を結ぶ
845		インド＝第1次シク戦争（―1846）
849		リビングストン、アフリカ探険
1850		

日本の動き（縦書き）：…の発展　工場制手工業が発達　町人文化（化政文化）栄える

ヨーロッパ勢力の開国要求つよまる　尊皇攘夷・開国倒幕運動

目　　次

モーツァルト	文・有吉忠行 絵・田中　潔	…………… 6
ナポレオン	文・有吉忠行 絵・永沢　樹	…………… 20
ベートーベン	文・有吉忠行 絵・鮎川　万	…………… 34

マリー・アントアネット	文 有吉忠行	…………… 48
ネルソン	文 加藤貞治　絵 田中　潔	………… 50
フルトン	文 大塚夏生　絵 永沢　樹	………… 52
フレーベル	文 加藤貞治　絵 田中　潔	………… 54
グリム兄弟	文 加藤貞治　絵 永沢　樹	………… 56
バイロン	文 加藤貞治　絵 田中　潔	………… 58
モース	文 加藤貞治　絵 永沢　樹	………… 60
読書の手びき	文 子ども文化研究所	…………… 62

せかい伝記図書館 8

モーツァルト
ナポレオン
ベートーベン

いずみ書房

> # モーツァルト
>
> (1756—1791)
>
> 『フィガロの結婚』『魔笛』『トルコ行進曲』など、おおくの名曲をうみだした天才音楽家。

● 4歳で作曲した天才

　世界の大音楽家には、天才といわれる人がたくさんいます。モーツァルトは、そのなかでも、もっともおさないときから、すばらしい才能を発揮した人でした。しかし、35歳の若さでまずしさと病気にたおれ、死後、その墓地さえ不明になってしまった生涯は、けっして、しあわせではありませんでした。

　ウォルフガング・アマデウス・モーツァルトは、1756年にオーストリアのザルツブルクで生まれました。父は、ザルツブルクの町にある宮廷楽団でバイオリンをひき、作曲にもすぐれた才能をみせた音楽家です。

　モーツァルトは、3歳のころから、もみじのようなかわいい手で、ピアノをひくようになりました。

　ある日、ナンネルとよばれている5歳うえの姉マリア

・アンナが、父からピアノをおそわっているのを見ていたモーツァルトは、姉の練習が終わると、自分にもひかせてくれるように父にたのみました。まだピアノなどひけるはずがないと思った父は、くびを横にふりました。でも、腰かけによじのぼったモーツァルトは、まだ習ったこともないのに、さっきナンネルがおそわっていた曲を、ほとんどまちがいなくひいてしまいました。父は目をまるくしました。ナンネルもおどろきました。
「よし、この子を、きっと大音楽家にしてみせるぞ」
　父は、モーツァルトに、つぎの日からピアノを教えることを約束しました。

やがて4歳になったモーツァルトは、自分の心のなかで、自分の音楽を考えるようになりました。そして1年ごには、コンチェルトを書き、またもや父をびっくりさせました。おどろくはずです。コンチェルトというのは、ピアノやバイオリンなどの独奏者とオーケストラが同時にひきあう、むずかしい曲なのですから。しかも、その曲は、おとなの作曲家でもなかなか作れないほどのものでした。

同じ年に、こんなこともありました。

父が、家で音楽会を開いたときのこと。ふたつのバイオリンと、ひとつのビオラで演奏が始まり、やがて1曲が終わると、買ってもらってまもないバイオリンをかかえたモーツァルトが、「ぼくも、いっしょにひかせてちょうだい」といいだしました。父は、少しこわい顔をして反対しました。

でも、バイオリンをひいていたおじさんの許しがでて、モーツァルトがひきはじめると、おじさんは、いつのまにか、自分の手をやすめてしまいました。モーツァルトが、みごとにひきはじめたからです。

「これは、とても信じられないことだ。バイオリンはまだ、いちども教えたことがないのに」

父は、感激のあまりに目に涙をいっぱいためてさけび

ました。音楽会にきていた人たちも、いっせいに、おどろきの声をあげました。そして、天才モーツァルトの名は、またたくまに町じゅうにひろまりました。

●馬車でヨーロッパ演奏旅行

「ふたりの子どもの名を、もっとひろめよう」
　父は、モーツァルトが6歳になったとき、11歳のナンネルもつれて、馬車で、演奏旅行に出かけました。
　ふたりの子どもの演奏は、どこへ行っても大成功でした。オーストリアの首都ウィーンでは、金の馬車で宮殿にまねかれ、モーツァルトは即興で美しい曲を作ってみ

せて、大かっさいをあびました。
「キーが見えないようにして、ピアノがひけるかな」
　皇帝にこういわれると、キーに布をかぶせて、ひとつのくるいもなく名曲をひき、人びとの目を見はらせました。でも、このときだけは、心のなかで皇帝をひそかににくみました。音楽を心から愛するモーツァルトは、音楽をしんけんに聞いてくれない人は、たとえ皇帝でも、腹がたってしかたがなかったからです。
　わずか６歳で、うでも心も、おとなにも負けないりっぱな芸術家になっていました。
　４か月ぶりでザルツブルクへ帰ると、演奏旅行の成功のおかげで、父は宮廷楽団の副指揮者にとりたてられました。すると父は、こんどはヨーロッパじゅうの大演奏旅行を計画しました。
　ドイツからフランスへ、そしてイギリスからオランダへ、家族４人の旅は、３年半もつづきました。
　何百回もの演奏は、いつもアンコールがさけばれました。とくに、小さなからだのモーツァルトには、どこへ行っても、その天才をたたえる声がたえませんでした。
　この旅行で、モーツァルトが演奏会の成功よりも、もっとうれしかったのは、各地で、すばらしい音楽家にあい、すぐれた音楽の勉強ができたことでした。

「すばらしい。評判どおりの天才だ」

　どの音楽家も、腰をかがめてモーツァルトの小さな手を、しっかりにぎってくれました。そして、これがなによりも大きなはげましになり、演奏のかたわらで勉強をつづけたモーツァルトは、イギリスにいるときに『交響曲第１番・変ホ長調』を作曲しました。ピアノ・ソナタも作りました。９歳の子どもが交響曲を作曲したことは、世界でも初めてのことでした。

　しかし、旅行は、しあわせなことばかりではありませんでした。オランダで、モーツァルトは腸チフスにかかり、100日以上もねこんでしまいました。高い熱がさ

がらず、命が危ないときさえありました。

　乗りものといえば馬車しかない時代の旅行は、ほんとうに、たいへんつらいことでした。

●長い合唱曲をいちどで暗記

　長いヨーロッパの旅から帰ったモーツァルトは、12歳で、宮廷楽団の楽長になりました。そして13歳で、こんどはイタリアへ演奏旅行へ行き、ローマ法王から「黄金の拍車の騎士」という称号をもらいました。このとき、ローマの人びとを、あっといわせたことがありました。

　キリストが生き返ったことを祝う復活祭の夜、教会で『ミゼレーレ』という長い合唱曲を聞いたときのこと。

　家に帰ったモーツァルトは、たったいちど聞いただけのその曲を、少しのまちがいもなく五線紙に書きとりました。そして数日後の音楽会で、こんどは自分が歌ってみせて、人びとを、おどろかせました。『ミゼレーレ』の楽譜は、その教会にたったひとつだけしかないものでしたから、モーツァルトが曲をおぼえてしまったことは、どうしても信じられないことだったのです。

　やがてイタリアへきて2年め、歌劇の勉強をつづけた14歳のモーツァルトは、自分でも『ミトリダーテ』という歌劇を作曲しました。そして、劇場で上演されたと

きは指揮棒をふり、満員の劇場に拍手のあらしをまき起こしたのです。
「よし、もっとすばらしい歌劇を作ってみせるぞ」
　モーツァルトは、拍手につつまれてちかいました。天才モーツァルトは、けっして自分の才能におぼれてしまうことはなく、頭のなかでは、いつも新しい曲のことばかり考えていました。
　イタリアから帰ると、演奏よりも作曲に熱中しました。そして、15歳から20歳までの5年間に、130曲ちかい交響曲や協奏曲やバレエ音楽などを作曲しました。
　ところが、このころから、モーツァルトの不幸が始ま

りました。12歳のときに宮廷楽団の楽長にしてくれたザルツブルク宮廷の大司教が亡くなり、そのあとにきた新しい大司教は、音楽に理解がないばかりかモーツァルトの才能もみとめようとしなかったからです。
「理解のない人のところで、仕事をするのはいやだ。もっと自由に演奏したい。もっとのびのびと作曲したい」
　21歳になったモーツァルトは、父と姉に別れ、母をつれてパリへ出発しました。でも、パリでの生活は、1年もつづきませんでした。すっかりおとなになった天才音楽家を、パリの人びとは、もう、あたたかくは迎えてくれず、モーツァルトは、たちまち生活に困ってしまいました。そのうえ、そまつな下宿で、やさしかった母を失ってしまったのです。
　モーツァルトは、母の遺骨をだいて、さみしく、ザルツブルクへ帰りました。そして、しかたなく、また宮廷楽団の楽長にもどりました。

●苦しい生活のなかで美しい音楽

　それから3年ののち、やはり宮廷楽団の仕事にたえられなくなったモーツァルトは、ふるさとをはなれて、ひとりでウィーンに住みつく決心をしました。
　しかし、ウィーンでの生活は、パリよりも、もっと苦

しいものでした。この時代は、作曲や演奏だけでは収入が少なく、有名なハイドンやバッハでさえも宮廷や貴族や教会につかえて生活していました。でもモーツァルトには、つかえるところがありませんでした。

　26歳で、ドイツの作曲家ウェーバーのいとこのコンスタンツェと結婚してからは、たのまれれば、どんな曲でも書き、どんな演奏会へも出かけて、はたらきつづけました。それでも、収入が少ないうえに、妻のコンスタンツェがお金にだらしがなかったため、家のなかはいつもまずしく、何日も、水とパンだけですごすことも、少なくありませんでした。

「まずしさに負けるものか。わたしには音楽がある」

モーツァルトは、生活の苦しさと闘いながら、五線紙にむかいつづけました。そして、尊敬するハイドンにおくった『ハイドン四重奏曲』や、歌劇の名曲『フィガロの結婚』『ドン・ジョバンニ』などを、つぎつぎに作曲しました。

「美しい音楽だ。音楽で書いたすばらしい劇だ」

ふたつの歌劇が上演されると、劇場には、天にもとどくような大きな拍手が起こりました。ところが、その評判は長つづきしませんでした。モーツァルトの才能をねたんで、かげで悪口をいう音楽家がいたからです。ただ、この歌劇の成功のおかげで、ウィーンの宮廷作曲家に加えられ、わずかでしたが年金をもらえるようになったことは、しあわせでした。

しかし、宮廷作曲家にえらばれたことを知らせる父は、もう、いませんでした。『フィガロの結婚』が上演されてまもなく、天才モーツァルトを育てた父は、わが子が見舞いに作ってくれたふたつの四重奏曲を耳にしながら息をひきとっていたのです。

● さみしく共同墓地に

32歳になった大音楽家の生活は、ますます苦しくな

るばかりでした。からだをこわした妻を医者のすすめで温泉へ行かせるときは、質屋からお金を借りなければならないほどでした。でも、家でひとりぼっちになっても、またパンを求めるお金がなくなっても、モーツァルトの頭のなかにある名曲の泉は、けっしてかれてしまうことはありませんでした。

　それどころか、泉の水はますますあふれ、この32歳のときのわずか2か月のあいだに、モーツァルトの三大交響曲といわれる、『第39番』『第40番』『第41番ジュピター』を書きあげました。

　第39番は「白鳥の歌」ともよばれ、澄んだ空に白鳥

が舞うような美しい曲です。第40番は、のちにシューベルトが「天使がうたっているようだ」とほめたたえた、心やさしい曲です。第41番はローマ神話の天の神ジュピターの名のとおり、きらめく光にみちあふれています。

　しかし、このころから、モーツァルトのからだは、しだいに弱りはじめていました。やがて世界最高の歌劇とさえいわれる『魔笛』の作曲を終えたときには、モーツァルトは、自分のからだに死を感じるようになっていました。

　ある日のこと、モーツァルトの家に、黒い服を着た、やせた男の人がたずねてきました。

「レクイエムを書いてください。お礼は、いくらでもいたしますから」

　男は、これだけいうと、名まえもつげないで消えるように帰って行きました。レクイエムというのは、死んだ人のたましいをなぐさめる曲のことです。

「このレクイエムが、さいごの曲になるかもしれない」

　黒い服の男を、なぜか、自分への死の使いだと思いこんでしまったモーツァルトは、なんどもたおれながら、全力をふりしぼってレクイエムの作曲にとりくみました。

　しかし、もう少しというときに、ついに力がつき、残りの作曲を弟子にたのむと、1791年12月5日、天才

　音楽家モーツァルトは眠るように天国へ旅立ちました。
　雪が舞う寒い日のそう式には、わずかな人しか集まりませんでした。そして、なきがらは、まずしかった人たちばかりがほうむられている共同墓地に、投げ捨てるようにして埋められ、やがて、その場所さえわからなくなってしまいました。それは、天才音楽家のさいごにしては、あまりにも、みじめなものでした。
　モーツァルトが、35歳のみじかい生涯のうちに書きあげた曲の数は626曲、そのひとつひとつが、小さな子どもの心にも、また、さみしい心にも、悲しい心にも、やさしくささやきかけてくれます。

ナポレオン

（1769—1821）

努力と情熱によって、まずしい貴族から皇帝になり、世界征服を夢みたフランスの英雄。

●コルシカ島のいたずらっこ

「わたしの辞書には不可能という文字はない」

このことばのとおりに35歳の若さでフランスの皇帝になり、やがてはヨーロッパ全土を支配し、世界征服の夢さえいだきつづけたナポレオン・ボナパルトは、1769年、地中海に浮かぶコルシカ島で生まれました。

コルシカ島は、日本の四国の半分ほどもない小さな島です。島の人びとは独立の精神がひじょうに強く、長いあいだ、島を支配しようとする国ぐにと戦ってきました。そして、フランスの領土になってからも、初めは、そのフランス軍とも戦いました。

このとき、ナポレオンの父も母も、銃をとり馬に乗って戦いました。ある日のこと、川を渡っていた母の乗った馬が、水の中でけいれんを起こしてたおれてしまい

した。まわりの人たちは、馬をすてて川にとび込むように、母にいいました。しかし、生まれたばかりの子どもを胸にだいていた母は、鞍にしがみついて馬をあやつり、ぶじに川を渡りきりました。これを見た兵士たちは、そのおちつきと勇敢さに、戦いを忘れて拍手をおくりました。このとき、母のおなかには、数か月後に生まれるナポレオンが入っていました。

　ナポレオンは、13人きょうだいの2番めでした。父は貴族でした。しかし、家はまずしく、生まれつき頭ばかり大きかったナポレオンは、まい日、まっ黒になって野山をかけまわっていました。からだに傷のたえないい

たずらっこでしたが、不正なことはしませんでした。

　子どもにはめずらしいほど、がんこで正義感が強く、自分がしていないことをしかられると、たとえ２日も３日も食事が与えられなくても、ぜったいに、あやまりませんでした。高いがけから落ちても、友だちにはなみだを見せませんでした。また、女の子と遊んでいて町の男の子たちにからかわれると、けんかをすれば負けるとはわかっていても、歯をくいしばってむかっていきました。

　いたずらな反面、勉強はすきでした。とくに算数と理科がとくいで、小学校に入ってまもなく、小麦をひく風車小屋に入り、またたくまに１時間にひかれる小麦の量から１日分の量、さらに１週間分の量を計算して、おとなをおどろかせたことがありました。

●幼年学校から士官学校へ

　10歳になったナポレオンは、家を遠くはなれて、国の費用で幼年学校へ入学しました。

　幼年学校は、軍人になる少年だけが学ぶ学校です。父や母からコルシカ島の戦争の話を聞き、軍人になるのぞみをいだいていたナポレオンには夢のようでした。ところが、遠くの島からやってきたナポレオンは、みんなに「いなかもの」「コルシカの頭でっかち」と、ばかにされ

ました。だれひとり、友だちもできませんでした。
　しかし、コルシカの港で母と別れるとき、たったひとつぶのなみだしかこぼさなかったナポレオンは、学校でも、どんなことにもがまんしました。そして、ひとりで勉強にうちこみ、算数は１番の成績をおさめました。また、『プルターク英雄伝』など歴史の本を読み、自分の考えを、大きくふくらませていきました。
　15歳で幼年学校を卒業したナポレオンは、パリにある陸軍士官学校へすすみました。ところが、ここでも、ひとりぼっちになってしまいました。目だけがするどく、背は低くて無口で、いつもまずしい身なりをしているの

を、同級生たちはやはり笑いものにしたのです。

お金のないナポレオンは、日曜日もへやにとじこもって、ひとりで１日をすごしました。しかし、授業のときには、自分の考えを、だれにもおそれず、はっきりいいました。そのため、同級生たちは、こんどは「なまいきなやつだ」といって、ますます、ナポレオンに近づかなくなりました。

「気むずかしくて、自尊心の強い男だ」

先生たちも、ナポレオンが、あまりはっきりものをいうのに困ってしまうこともありました。しかし、まじめで、しっかりした考えには、ひそかに感心していました。

やがて、卒業式もまぢかになったとき、母から手紙がとどきました。父の死のしらせです。

「とうさんは、おまえのことは信じていましたよ。わたしのことは心配せず、自分の道を進みなさい」

この母の手紙に、ナポレオンは勇気をふるい起こしました。そして士官学校を卒業すると、陸軍少尉として砲兵隊に入りました。わずか16歳の「コルシカの頭でっかち」は、こうして、軍人の道をあゆみ始めました。

●26歳でフランス軍司令官に

ナポレオン少尉が、少ない給料で母や弟や妹たちを

助けながら、砲兵隊で活躍を始めて4年めに、フランス革命が起こりました。

　革命が起こるまえのフランスは君主国でした。ルイ16世が国をおさめ、王につかえる僧侶と貴族が、国民を思うようにあやつっていました。国民たちは、重い税金をとりたてられて満足にパンさえ食べられないのに、宮殿では酒盛りがたえず、僧侶や貴族たちは広い土地を自分のものにして、ゆたかに暮らしていました。

「貴族をたおせ、フランスは、われわれのものだ」

　1789年7月、パリの市民は、ついに銃をとって立ちあがりました。また、国の各地で農民たちも銃をとり、

革命の火が、国じゅうに燃えひろがりました。
　約1か月ののち、国民の力に屈した国の議会は、とうとう、僧侶と貴族の身分制度を廃止し、歴史に残る、自由と平等の「人権宣言」を発表しました。そして、翌年には、フランス共和国が誕生し、国の政治は、国民みんなでおこなわれることになりました。
　しかし、革命は、これで終わりをつげたのではありません。新しい政府のなかに、君主制と身分制度を復活しようとする王党派の人びとがあらわれ、その王党派がイギリスやスペインなどに応援を求めたため、フランスはヨーロッパの国ぐにと戦うことになってしまいました。
　ナポレオンが、軍人として、初めて大きな戦いに勝ったのは、このときです。
　南フランスのツーロン軍港を占領したイギリス艦隊を、フランス軍は3万人の兵で攻めました。しかし、どうしても勝てません。困りはてた司令官は、ナポレオンに指揮をたのみました。
「こんな若い指揮官に、なにができるものか」
　兵士たちは、初めは笑いました。ところが、ナポレオンは、港の丘に大砲をかつぎあげて砲台をきずくと、すさまじい砲撃でイギリス軍を退却させてしまいました。そして、この戦いで名まえを国じゅうにとどろかせたナ

ポレオンは、陸軍少将に任命されました。
　大砲の戦いにすぐれていたナポレオンは、その翌年、パリで起こった王党派の反乱でも、政府軍の危機を救いました。3万人ちかい反乱軍に数千人の兵力でぶつかり、まちぶせさせた大砲で、みごとに勝利をおさめたのです。この勝利で、ナポレオンはフランス軍の総司令官になりました。士官学校を卒業してわずか10年、まだ26歳の青年でした。

●わたしの辞書に不可能という文字はない

　フランス軍の最高の地位についたナポレオンは、やす

むまもなく、イギリスと手をむすんでフランスと戦う準備をすすめているオーストリア軍を討つために、オーストリア軍が集まっているイタリアへ遠征しました。そして、兵士よりも自分が先頭に立って戦い、兵の数では数倍の敵を破ってがいせんしました。

「勇敢でやさしい、すばらしい司令官だ」

またも名声をあげたナポレオンは、次には、アジアへの道をふさいでイギリスを苦しめるために、アフリカのエジプトへ遠征しました。ところが、この遠征のあいだに、フランス本国の政治がみだれてしまいました。

「祖国フランスがあぶない。エジプトへはまたくる」

決断のはやいナポレオンは、わずかの兵だけをつれてとぶようにフランスへひき返しました。そして、手がつけられなくなっていた議会を武力で動かし、自分を中心にした新政府を作りあげてしまいました。

国の議会を武力でおどしたことは、はずべきことでした。しかし、新政府の代表になると、たちまちのうちに税金制度の改革など国民のための政治を実行していく行動力には、国民のおおくが理解をよせました。

国内を平和にもどしたナポレオンは、1800年に、ふたたび、オーストリア軍を追ってイタリアへ進軍しました。それも、とても信じられないような意志と力で雪と

氷にとざされたアルプスを越え、敵にとっては思いもかけないところからイタリアへ突入しました。
「わたしの辞書には不可能という文字はない」
　ナポレオンがこうさけんだのはこのときです。手や足を血だらけにして大砲をはこぶ兵士たち。寒さにたおれる馬。アルプスとの闘いは12日間もつづき、馬に乗って指揮をとるナポレオンも、なんども谷底へ落ちそうになりました。
「ナポレオンは、おそろしい人間だ、偉大な軍人だ」
　このとき戦いに負けたオーストリア軍の兵士たちさえも、ナポレオンの勇気をほめたたえました。

●皇帝になりロシアへ遠征

　オーストリア軍を破ってパリに帰ったナポレオンの人気は、さらに高まりました。僧侶や貴族など王党派の人びとも、ナポレオンの人気と威力におそれをなして従うようになりました。

　ナポレオンは、まず国内の政治に力を入れました。失業をなくすために産業を活発にしました。道路や運河を作りました。おおくの学校を建ててまずしい家の子どもでも教育が受けられるようにしました。いろいろな芸術もしょうれいしました。

　このとき、国民の権利を保障するために制定したのが有名な「ナポレオン法典」です。人間の平等や信仰の自由など理想的な社会のあり方をきめた、この法典は、のちに、世界各国の憲法や法律の作成に大きなえいきょうを与えました。

　こうして、政治家としてもすばらしい力を発揮したナポレオンは、1804年、ついに皇帝になりました。
「わたしは、この地位をゆずり受けたのではない。自分の力でかちとったのだ」

　戴冠式では、正式には教皇にさずけてもらう黄金のかんむりを、自分の手で頭にのせ、その手で妻にもかぶせ

ました。このときナポレオンの心には、独裁者のおごりがめばえていました。

　皇帝になったナポレオンは、ヨーロッパ征服を考えました。そして、およそ7年のあいだに近くの国ぐにを降服させてしまうと、1812年に、イギリスを助けようとするロシアへ遠征しました。ところが、この遠征は、ロシア軍の計略で大敗してしまいました。長い旅につかれてやっとモスクワにたどりついたと思うと、ロシア軍の手で町が焼きはらわれ、ナポレオン軍は、食べるものも寝るところも失ってしまったのです。

　ナポレオンは、しかたなくフランスへひきあげました。

しかし、飢えと寒さで兵士たちは次つぎにたおれ、また、いきおいにのったロシア軍との戦いに破れ、60万人を数えていた遠征軍は、フランスへたどりついたときには、わずか2万人たらずになっていました。

それまでの連戦連勝のおごりすぎたナポレオンの、完全な敗北です。

● **戦いに破れ、孤島でのさみしい死**

その翌年、フランスに侵入してきたイギリス・オーストリア・ロシアの連合軍にとらえられて、ナポレオンはフランスの南の海にあるエルバ島へとじこめられてしまいました。

ところが、1年ののち、むかしの部下に助けられてエルバ島を脱出したナポレオンは、パリの町にすがたをあらわしました。そして、兵を集めると、皇帝の地位をとりもどしました。しかし、それも、わずか100日しかつづきませんでした。

またも連合軍に戦いをいどんだナポレオンは、ベルギーのワーテルローの戦いで、ウェリントン将軍がひきいるイギリス軍に破れ、ふたたびとらえられて、こんどは大西洋に浮かぶセント・ヘレナ島にながされてしまいました。1年じゅう暑い、じごくのような島でした。

　英雄ナポレオンは、それから6年ののち、胃がんにおかされて、ひとりさみしく、この南海の孤島で生涯を終えました。1821年5月5日、51歳でした。

　それから20年ののち、フランスの人びとは、ナポレオンのなきがらを入れた棺をパリに迎え、セーヌ川のほとりにほうむりました。

　ナポレオンは、フランスを救った英雄ではありましたが同時に、ヨーロッパ全土への侵略者でもありました。

　しかし、コルシカ島のまずしい少年から、皇帝にまでのしあがった人生は、たくましい輝きにみちあふれていました。

ベートーベン

（1770—1827）

音楽家の生命ともいえる「耳」をうばわれながらも、
不滅の名曲を生みだした大音楽家。

●泣きながらたたいたピアノ

「ダダダダーン！　ダダダダーン！」力強いせんりつが、からだの内臓までゆさぶる交響曲『運命』。「第5」とよばれる、この永遠の名曲を残したルートウィヒ・バン・ベートーベンは1770年、ドイツの都市ボンで生まれました。

父は、宮廷合唱団の歌手でした。音楽家ではありましたが、たいへんな酒のみで、そのため、貧乏な家のなかには、いつもあらそいがたえませんでした。

ベートーベンは、4歳のころからピアノを習いはじめました。先生は父です。短気な父の教えかたはたいへんきびしく、未来の大音楽家ベートーベンは、ピアノをたたく指になみだを落とさない日はありませんでした。

「この子を、モーツァルトのような天才的音楽家に育て

　よう。そうすれば家の暮らしも楽になるだろう」
　そのころ、モーツァルトは、まだ18歳の青年でした。しかし、すでにすぐれたピアニストとして、各地で演奏会を開いていました。ベートーベンの父は、わが子を早くモーツァルトのように育てて、演奏料をかせごうと考えたのです。
　おさないベートーベンは、近所の子と野や川をかけまわるひまもありません。練習が終わると、母のあたたかい胸にとびこむことだけが、なぐさめでした。
　ベートーベンは、8歳のとき、はじめてピアノ演奏会

を開きました。このとき父は、ポスターのわが子の年齢を6歳と書きました。歳が少ないほうが天才らしくみえる、と思ったからです。

　やがて、宮廷オルガン奏者から正式に音楽を学びはじめたベートーベンは、12歳のとき3つのピアノ曲を作って宮廷でほめられ、13歳で、宮廷内の教会のオルガン奏者になりました。よその家へ下働きに出ているかわいそうな母を助けるために、ベートーベンは、音楽への夢をふくらませるいっぽうで、収入を得ることも考えなければならなかったのです。

　17歳のとき、ベートーベンに、すばらしい幸運がおとずれました。宮廷のお金で、ウィーンへ行って、モーツァルトに音楽を教えてもらえることになったのです。

　モーツァルトのまえではじめてピアノにむかったベートーベンは、心にうかんだまま指先をおどらせて美しい即興曲をひきました。曲が終わると、モーツァルトは目を輝かせながら、そばにいた人びとにそっといいました。
「あの少年に注目したまえ。いつかは世間の人をおどろかす音楽家になるだろうから」

　ベートーベンは、モーツァルトに絶賛されました。

　ところが、モーツァルトのもとで勉強できたのは、わずか2週間でした。父からの手紙で母の病気を知ると、

ベートーベンは、神に母のことを祈りながら、ボンにとんで帰ったのです。しかし、苦労のはてにからだが弱っていた母は、まもなく帰らない人になってしまいました。ベートーベンは、なみだがかれるまで泣きました。

●権威に負けなかった芸術家

　22歳になったベートーベンは、ふたたびウィーンへ行きました。そして、ボンに残してきた父が亡くなると、ウィーンに住みつくことを決心しました。
　ウィーンの、そまつな屋根裏のへやにおちついたベートーベンは、大作曲家ハイドンから作曲法を学びました。

しかし、この音楽の都ウィーンでベートーベンがまず有名になったのは、作曲家としてではありません。
「ベートーベンは天才か悪魔だ。そうでないと、あんなにみごとな即興演奏ができるはずはない」
貴族のやしきに出入りして暮らしをたてていたベートーベンは、ピアニストとして、貴族たちのあいだで有名になったのです。
このころの音楽家は、みんな貴族からお金の援助を受けて生活していました。劇場などで演奏会を開いて、一般の人びとに音楽を聞かせるようなことは、まだほとんど行なわれていなかった時代です。音楽家は、貴族の人びとをたよりに生きていくよりしかたがなく、ハイドンでさえも、貴族につかえていました。
ところが、貧乏な家に育ったベートーベンは、この貴族の社会が、あまりすきではありませんでした。
「貴族は、生まれながらに身分が高いだけだ。偉いのではない。人間の偉さは、自分の力で生きぬいていくことだ。人間はみんな平等だ。音楽を、貴族たちだけのものにしておいてはいけない」
ベートーベンは、どんな演奏会のときでも、貴族の顔色をうかがうようなことはありませんでした。自分が芸術家であることを誇りにして、自分の音楽にプライドを

もっていました。

　このころから、およそ15年後に尊敬する大詩人ゲーテとあったときのこと、こんな話が残っています。

　ベートーベンとゲーテが散歩しているとき、むこうから身分の高い貴族がやってくると、ゲーテは、道のはしによけ、帽子をとって貴族が通りすぎるのを待ちました。しかしベートーベンは、腕をうしろに組んだまま、道のまん中を歩いていきました。そして、ゲーテほどの大詩人が、なぜ貴族などに頭をさげるのだろう、と腹だたしく思いました。ベートーベンは、このときから、ゲーテがきらいになったということです。

演奏会はどこへ行っても大かっさいをあび、作曲した曲の楽譜は、出版すると羽がはえたように売れました。父の死後、ボンで生活をしていた二人の弟もウィーンによびよせ、ベートーベンは、しあわせでした。

●耳におそいかかった悪魔

ところが、28歳のころから、のろわしい運命がおそいかかりました。両耳に耳なりがはじまったのです。そして、楽器の音も、人の話し声も、鳥のさえずりも、風の音も、しだいに聞きとりにくくなってしまいました。

「耳の聞こえない音楽家は、目の見えない画家と同じだ。こんなことが人にいえるものか」

ベートーベンは、人には、耳の不自由をかくして、いく人もの医者にかかりました。しかし、耳のなかに入りこんだ悪魔は立ち去りません。ベートーベンは、医者をうらみ、運命をにくみました。そして、人のまえに出るのをおそれるようになりました。

このとき、暗やみに落ちたベートーベンの心の支えになったのは、そのころピアノを教えていた伯爵令嬢のジュリエッタでした。ベートーベンは、ジュリエッタの美しさにひきつけられ、耳のことも忘れました。そして、ある日、窓からさしこむ月の光にさそわれてピアノソナ

タ『月光』を作曲して、この曲を愛するジュリエッタにささげました。

　しかし、ベートーベンは、ふたたび悲しい世界につき落とされてしまいました。ジュリエッタは、貧乏育ちでがんこな天才音楽家のベートーベンをすてて、貴族の若ものと結婚してしまったのです。

「わたしには、人に愛される資格がないのだろうか。生きていく資格も、もう、ないのではないだろうか」

　ベートーベンは、両耳をおさえて苦しみました。そして1802年、31歳の耳の不自由な天才芸術家は、二人の弟に遺書をしたためました。

「秋の木の葉が地におちるように、私の希望もかれた」

ベートーベンは、苦しみからのがれるために、死んでしまおう、と思いました。

ところが遺書を書き終わったとき、ベートーベンは、耳は聞こえなくても、たとえ目も見えなくても、音楽は聞こえるのだ、ということに気がつきました。

「聞こえなくなった音は、心の耳で聞けばよい。わたしには音楽があったのだ。勇気をだして運命と闘おう」

ベートーベンは立ちあがり、作曲家として生きていくことを、心にちかいました。

●死をのりこえて作曲家へ

ベートーベンは、大作曲家への道を歩みはじめました。楽な道ではありませんでした。いつも、いらだちにうち勝たなければなりませんでした。しかし、運命に立ちむかうことを決めた強い精神は、交響曲第３番『英雄』、交響曲第５番『運命』、交響曲第６番『田園』などの名曲を、つぎつぎに生みだしていきました。

『英雄』は、人間の「自由・平等・博愛」をとなえて戦ったナポレオンに、ささげようとしたものです。でも、曲ができあがったとき、ナポレオンにささげるのはやめてしまいました。ナポレオンが皇帝の位につくと、ベー

トーベンは「ナポレオンも、けっきょくは自分の栄誉と地位のためだったのか」と腹をたて、楽譜の表紙に書いていた「ナポレオン・ボナパルトにささぐ」という文字を消してしまったのです。ベートーベンは、これほどに、生涯をとおして権力者をにくみ、民衆を愛しました。

『運命』は、運命を背負った人間の苦しみ、苦しみとの闘い、そして苦しみをのりこえたときのよろこびを、迫力のある音楽であらわしたものです。

『田園』は、孤独なベートーベンが楽しんだ自然の美しさと、自然のなかで心の平和を求める人間のすがたを、きよらかな旋律で描いています。

この『運命』と『田園』は、作曲家として生きることを決心してからのベートーベン自身の気持ちを、そのまま音楽にしたのだ、といってもよいような交響曲です。
　ベートーベンの作曲活動は、このころが、もっとも盛んなときでした。ピアノソナタ『熱情』、3曲からなる『ラズモフスキー弦楽四重奏曲』、ピアノ協奏曲第5番『皇帝』などの名作が生まれたのも、このころです。
　ウィーンで、ヨーロッパの平和をとりもどすための国際会議が開かれたとき、ベートーベンは自分が作曲した『戦争交響曲』を演奏して、6000人もの人びとから大かっさいをあびました。そして、作曲家ベートーベンの名は、ヨーロッパじゅうにひろまりました。
　しかし、作曲家としての名声が高まったのとは反対に、耳の病気は、ますます悪くなっていきました。そして、45歳をすぎると、人から話を聞くときは、手帳を出して書いてもらうより、しかたがなくなってしまいました。
　耳が聞こえなくなったベートーベンのことで、こんな話が残っています。
　ベートーベンが食堂へ行ったときのこと、ボーイが料理の注文を聞いても、ベートーベンは答えません。しかたなくボーイは、あとでもういちど聞きにこようと思って、行ってしまいました。ベートーベンは、ボーイがこ

ないので、五線譜をだして作曲をはじめました。ところが、そのうちむちゅうになって食事をしていないことも忘れてしまい、テーブルをたたいて、「ボーイさん、おかんじょうだ」と、どなったというのです。

いかにも芸術家らしいとはいっても、なにか、胸がいたくなるようなエピソードです。

●孤独と闘いつづけた生涯

まったく聞こえなくなった耳をかかえて、50歳をすぎたベートーベンは、自分の過去をふりかえりながら、人間の自由と平等と愛をたたえ、神に罪のゆるしを祈る

曲を作りはじめました。そして、53歳のときに完成したのが『交響曲第9番』と『荘厳ミサ曲』です。

このふたつの曲を生みだすあいだ、ベートーベンは放心状態の連続でした。朝早く家をとびだし、食事もせず一日じゅうウィーンの町をさまよい歩くようなことが、たびたびでした。ひとりごとをいっているうちに、とつぜんわめきだして人をおどろかせたのは、ほとんど毎日でした。

こうして完成したふたつの曲の発表演奏会が、また、たいへんきみょうなものでした。

楽団のまえのふたつの指揮台に二人の指揮者が立ち、ひとつの楽団にむかって同時に指揮棒を振ったのです。

一人は、もちろんベートーベンです。ベートーベンには、自分がどんな指揮をしているかわかりません。心のなかで音楽をかなでながら、ただ一心に、棒を振っているだけでした。

演奏が終わりました。もう一人の指揮者が、髪を振りみだしたままぼうぜんと立ちつくしているベートーベンを、そっと聴衆のほうにむけてやりました。

おどりあがっている人。手をたたいている人。大口をあけてなにかを叫んでいる人。

「やはり芸術はすばらしい」

　ベートーベンのからだは、よろこびにふるえました。
　ベートーベンは、このときから3年ののち、「友よ、拍手を、喜劇は終わった」ということばをさいごに、57歳の生涯をとじました。
　恋人ジュリエッタに『月光』をささげたのちも、ベートーベンはなんども恋をしました。しかし、ベートーベンの芸術へのきびしさのために、また、気むずかしさと貧乏のために愛はむすばれず、その生涯は孤独でした。
　ベートーベンの音楽は、苦しみをのりこえて生きる力を与えてくれます。孤独であったからこそ、あれほどの名曲がほとばしりでたのかもしれません。

マリー・アントアネット （1755—1793）

　マリー・アントアネットは、フランス革命のさなかに、断頭台で38歳の短い生涯を終えた、悲劇の王妃です。

　1775年にオーストリアの女王の娘として生まれたアントアネットは、14歳で、フランスのルイ王子と結婚しました。愛情でむすばれたのではありません。フランスとオーストリアが手をむすぶために、ぎせいにされたのです。

　4年ののち、王子は国王ルイ16世となり、アントアネットは王妃になりました。王を愛することができないアントアネットは、黄金のベルサイユの宮殿で、ぜいたくでわがままな生活だけを楽しむようになってしまいました。

　ところが、1789年10月、アントアネットのはなやかな生活は、とつぜんうちこわされてしまいました。

「国の政治を、王のかってにさせるな。貧しい人びとを虫けらのようにあつかう貴族をたおせ、われわれにパンをよこせ」

　人間の自由と平等をさけんで立ちあがった人びとが、ベルサイユ宮殿へおしかけました。フランス革命がはげしさを増し、貴族とむすびついていたルイ16世とアントアネットは、民衆の手でパリに移されてしまったのです。

　いつも市民に見られている生活は息苦しくてしかたがありません。それに、もういちどぜいたくな生活をとりもどしたいアントアネットは、兄のオーストリア皇帝にたすけてもらうことを考え、ある夜、王といっしょに、召使いにすがたをかえて宮殿から逃げだしました。しかし、すぐに見つかり、こんどは罪人のようにして、パリへつれもどされました。

ビシェ・ルブラン画『マリー・アントアネットと子どもたち』

オーストリアは王妃を救い出そうと、軍隊をむけてきました。
「みんな戦え、祖国フランスを守るのだ」
人びとは『ラ・マルセイエーズ』をうたってふるいたちました。ところが、このとき国民が、まず初めにいのちをうばったのは、オーストリアとこっそり手をむすんでいた王でした。

1793年1月、ルイ16世は、市民のまえでギロチン（断頭台）にかけられました。そして、それから10か月ののちにアントアネットも、新しく権力をにぎった政治家たちに、死刑にされてしまいました。ナポレオンが軍隊の力で争いをおさえ、1799年にフランス革命を終わらせるよりも、6年もまえのことでした。

アントアネットは、王妃でありながら、自分のことしか考えない、心のせまい人間でした。しかし、歴史の流れにふみつぶされたかわいそうな王妃として、フランス革命とともに、いつまでも語りつがれるにちがいありません。

ネルソン (1758—1805)

　イギリス海軍のネルソン提督は、海戦の英雄です。そしてイギリス人のほこりとする軍人でした。トラファルガル沖海戦で、フランス・スペイン連合艦隊をうちくだいたときの勇かんな戦いぶりは、いまでも語りぐさになっています。

　ホレーショー・ネルソンは、イギリスのノーフォーク地方に生まれ、わずか12歳で海軍にはいりました。各地の勤務でたたきあげ、20歳で大佐、25歳で艦長になりました。ネルソンは、1793年からは、おもにフランス軍と対戦して、目ざましいてがらをたてました。しかし、コルシカ島で戦っているとき右目を失明し、カナリア諸島での海戦では右腕を失ってしまいました。

　そのころのヨーロッパは、全土にわたって戦争がくりひろげられていました。フランスのナポレオンが、わがもの顔に各国を、馬のひずめでけちらしていた時代です。これにたいしてイギリスは、ロシア、オーストリア、スウェーデンなどと大同盟をむすび、フランスに立ちむかいました。フランスと連合するのは、スペインただ一国でした。強力な海軍を持つイギリスは、ナポレオンにとって最大の問題となっていました。

　1805年8月に、イギリスに先手をとろうと、フランス軍がドーバー海峡に集まってきました。ところが、ネルソンのひきいるイギリス海軍は、すきがまったくありません。ナポレオンは、正面からせめることが、できませんでした。そこで、フランス海軍は、たくみにネルソンをおびきだす作戦をたてました。手薄になったところをねらって、一気にイギリス本土へ上陸しようというのです。

　ネルソンは、フランスの艦隊を発見して、追跡しました。しかし、見当はずれの方向へ進む艦隊に、ネルソンはナポレオンの作戦をみやぶって、すぐひきかえしてしまいました。しばらくして今度は、ネルソンの方が作戦をたて、フランス艦隊のゆだんしているところへ、おそいかかったのです。ネルソンのイギリス艦隊は、27せき。対するフランスは、スペインとの連合艦隊で、33せきもの戦艦をしたがえていました。不利な海戦でしたが、ネルソンのたくみな指揮で、大勝利におわりました。このトラファルガル沖の戦闘の中で、ネルソンは、先頭に立っていたので、ねらいうちされて、戦死してしまいました。

　ネルソンのてがらにより、ナポレオンの全ヨーロッパ征圧の野望はうちやぶられました。イギリス海軍は世界じゅうにおそれられ、そののちも、イギリス本土に攻めこまれることはありませんでした。

フルトン (1765—1815)

　フルトンは、初めて蒸気船をつくった人として、しられています。しかし、フルトンのほかにも蒸気船をつくった人は、すでに何人かいました。けれども、実際の役に立たず、ねうちを理解する人もほとんどいませんでした。フルトンは、実用的な蒸気船を発明し、その便利さをおおくの人に伝えました。

　フルトンは、1765年にアメリカのペンシルベニア州に生まれました。子どものころから、絵をかいたり、機械をいじったりするのが大すきで、学校の勉強はあまりしませんでした。父親が、早く死んでしまったので、フルトンは、自分の力で家族をやしないました。17歳になると、フィラデルフィアへでて、4年間、はたらきました。安定した収入を得るようになると、とくいだった絵を勉強して画家をこころざします。しだいに、絵の仕事もふえ、ゆとりのある生活になりました。そこで、イギリスへ留学して、さらに深く絵を学びました。

　イギリスは、産業がめざましい発展をとげている時でした。フルトンは、アメリカでは見られなかった、めずらしい機械に心をうばわれ、ついには、絵筆をほうりだして、科学の研究のみの毎日をすごすほどでした。布を織る機械や、ロープを作る機械などをつぎつぎに発明し、蒸気船の開発にもとりくみ始めました。1803年、フルトンは、最初の蒸気船をつくりました。しかし、その船は、スピードがでず、実際には使えそうもありませんでした。フルトンは、あきらめず研究をつづけますが、まわりの人びとは「フルトンのばか」と言って、あざけるばかりです。でも負けずに、ねばり強く苦心を重ねた結果、新しい

蒸気船を完成しました。船の両側につけた水かき車を蒸気機関のはたらきで回して、進むというしくみです。

1807年8月17日、フルトンは、大ぜいの人たちのまえで、蒸気船の試運転をしました。クラーモント号と名づけられた船は、まっ黒なけむりをもくもくとはきながら、ハドソン川を走りだしました。ニューヨークからオルバニーまでの242キロを、32時間というびっくりするようなスピードでした。そのころ使われていた、風の力で走る船は、同じきょりを走るのに48時間もかかっていたので、16時間も速く走ったわけです。何千人もの見物人は、おどろきの歓声をあげました。

蒸気船は、ますます発達して、アメリカはもとより、ヨーロッパでも走り回るようになりました。産業の発展を、おおいに助けた発明でした。

フレーベル（1782—1852）

ドイツの教育家フリードリヒ・フレーベルは、生涯を子どもの教育につくし、世界で初めて幼稚園をつくりました。

チューリンゲン地方の牧師の家に生まれたフレーベルは、満1歳にならないうちに母を亡くし、愛にうえた、さびしい少年時代をすごしました。のちに教育家となったフレーベルは「子どもの教育には、母の愛がなによりたいせつである。母と子を切りはなすことはできない」といっています。

フレーベルは、1800年にイエナ大学へはいりましたが、お金がつづかず、とちゅうでやめなければなりませんでした。そのころ、教育の改革をとなえるペスタロッチというスイスの教育学者が、かつやくしていました。フレーベルは、ペスタロッチの「子どもに知識をつめこむのではなく、生まれつきもっている芽を、愛の力でのばす」という考えかたに心をうたれ、教育にうちこむ決意をかためました。1805年、フレーベルはフランクフルト・アム・マインにいって、ペスタロッチの弟子グリーナが校長をしている小学校で、教師とはどのような仕事なのか学びました。1816年からは、いよいよ自分の学園をひらき、学んだ教育論を実行にうつしました。

子どもには、いろいろな才能がかくされている、とフレーベルは考えました。教師や親は子どもの才能をのばし、創造の心を正しくみちびかなくてはならない、というのがフレーベルの理論です。この理論と、じっさいに学園でおこなっていることを『人間の教育』という本にまとめました。この本は、のちの学者たちに大へんえいきょうをあたえましたが、そのころの政

府や教会の考えかたには合わないものでした。そして、フレーベルは、ひどいこうげきをうけました。
　迫害をうけても、フレーベルは、教育にたいする情熱をもやしつづけました。1840年には、チューリンゲンにキンダー・ガルテンを建てました。世界で初めての幼稚園です。フレーベルはドイツじゅうを歩いて、幼稚園をつくる運動に力をそそぎました。幼稚園の先生を養成する講習会をひらき、教育者のための研究所も建てました。みずから、つみ木やまりなどの遊び道具を考えだし、子どもの創造心をひきだす道具にしました。
　フレーベルの幼稚園は、1851年に政府から禁止されてしまいます。フレーベルは、そのよく年の1852年に亡くなりました。のちにフレーベルの考えはおおくの教育者たちによってうけつがれ、人びとも子どもの教育のたいせつさをみとめるようになりました。そして、世界じゅうに幼稚園がつくられました。

グリム兄弟 ヤーコプ （1785—1863）
ウィルヘルム （1786—1859）

　グリム兄弟ほどなかのよい兄弟は、めったにいません。二人は、どんな時でもいっしょでした。なかよく同じ学校へ進み、仕事や研究ばかりでなく日常の生活でも、はなれずに、心の通いあった人生をおくりました。グリム兄弟は、おたがいに助けあい、共同で『グリム童話集』を発表するなど、おおくの業績でしられています。

　グリム兄弟は、ドイツのフランクフルトに近い、ハーナウに生まれました。兄がヤーコプ、１つ年下の弟をウィルヘルムといいます。二人とも大学で学んだのは、法律でしたが、はば広く学問にふれるうち、民話のおもしろさや神話にひかれ、文学の勉強もするようになりました。グリム兄弟は、民話の調査や研究をつづけ、大学卒業ご、図書館に就職してからも、仕事のかたわら、できるだけの時間をさきました。

　民話は、一人の作者によってつくられた話ではありません。身近な日常生活の中に生まれ、親から子へ、子から孫へと、伝えられてきた話です。グリム兄弟は、人びとの間に伝わる民話が、時間とともに消えてしまったり、もとの形がくずれてしまったりすることを心配しました。二人は民話を未来へ、確実に残したいと考えました。元気で活動的なヤーコプが、国じゅうの町や村を歩いて、民話を聞き集めてきます。それを体のあまりじょうぶでないウィルヘルムが、美しい文章で整った物語にしあげました。こつこつと何年も仕事をつづけて、完成させたのが、有名な『グリム童話集』です。『ヘンゼルとグレーテル』『白雪姫』『赤ずきん』などの、だれでも一度は、読んだことの

あるむかし話が、おさめられています。兄弟は、童話集のほかに『ドイツ伝説集』を出版しました。

　グリム兄弟は、すぐれた学者として、大学教授にむかえられ、20年つとめた図書館を去りました。新しい仕事として、二人は『ドイツ語辞典』をつくることになりました。この『ドイツ語辞典』は、たいへん大がかりな計画で、グリム兄弟は、死ぬまでの20年余りにわずか1割しかなしとげることができませんでした。しかもグリム兄弟のあとに、すぐれた学者たちが、仕事をうけつぎましたが、辞典の完成までに100年もかかってしまいました。

　根気の必要な研究を、グリム兄弟は、しんぼう強く、いくつも完成させ、現代の学問にさまざまな影響を与えています。晩年は、ドイツ学界の長老として、活やくし、純すいな人柄は、おおくの人に愛されつづけました。

バイロン (1788—1824)

　ヨーロッパじゅうが、ゆれ動き、混乱していた19世紀の初めに、一人の青年詩人がいました。名をバイロンといいます。ロマン派の代表的な詩人として活やくした人です。するどい感覚で、おおくの詩をつくり、名をあげましたが、とつぜん軍隊に加わって、戦場で死にました。短い人生でした。しかし、いつも情熱を燃やしつづけ、自由を求める、はげしい生涯をおくりました。

　バイロンは、ロンドンの貴族の家に生まれましたが、父は家を捨てて、旅にでてしまいました。そのため、のこされた家族は、スコットランドのいなかに、うつり住み、ひっそりと暮らしました。バイロンは、森や墓場をさまよっては考えをめぐらし、詩を読む生活をこのみました。足が生まれつき不自由だったことを気にして、たいへん神経質でした。しかし、人に弱味を見せたくないという、負けずぎらいの性格を持ち、野原を走り回ったり、川で泳いだりするほど活発な面もありました。

　やがて、青年になったバイロンは、ケンブリッジ大学に入りますが、はげしい反抗心のため、とちゅうでやめてしまいます。バイロンの考え方は、ますます情熱的になり、21歳のとき、自由を求めて、イギリスをとびだしました。スペインから地中海沿岸の町まちをさすらいながら、詩をつくる毎日でした。もてあますほどの情熱をもっていたバイロンは、ある時、流れの急なダーダネルス海きょうを、泳いでわたりました。必死にとめる友人をむりやりふり切って、海にとびこみました。「泳いだのは、名誉のためだ」と、バイロンは詩に書いています。

　旅は、2年にわたりました。バイロンは、旅行中のさまざまな感動を『チャイルド・ハロルドの巡礼』と題する長編詩にあらわしました。この作品で、バイロンはいちやく、すい星のように、文学の世界におどりでました。1812年のことです。人気詩人となったバイロンは、議員におされたり、はなやかな社交界でもてはやされたりしながら、つぎつぎに詩集を発表しました。『邪宗徒』『アビュドスの花嫁』『海賊』『コリントの包囲』などの物語詩です。

　ところが、人気詩人として思いのままの生活をおくるごうまんなすがたが、しだいに評判を悪くして、イギリスに居づらくなりました。バイロンは、ギリシアへわたり、独立戦争に参加します。「詩人としての、ぼくの仕事は終わった」と言って、戦地におもむきますが、重い熱病におかされ、急死してしまいました。まだ36歳という若さでした。

モース (1791—1872)

　モースは、電信機とモールス符号を発明したことで、世界じゅうにしられています。しかし、もともとは画家でした。
　牧師の子としてアメリカに生まれたモースは、イエール大学を卒業して、おさないころからの夢だった画家になるため、2度もヨーロッパへ行きました。すぐれた先生の指導をうけて、才能をみがき、数年ごには、名のある肖像画家となりました。長い修業のすえ目的をとげて、モースはアメリカへ帰ることにしました。
　帰国の船の中で、モースは、自分の人生をかえるできごとにであいました。長い船旅のたいくつしのぎにと、一人の学者が、電気の実験を始めたのです。ほかの客と同じようにモースも見物していましたが、電磁石の実験にうつった時に、ふと1つの考えがうかびました。この電磁石を利用して、はなれた場所へ信号を送ることができたら、ずいぶん便利だろうと思いついたのです。そのころは、まだ電話などなかった時代なので、遠くからの連絡は、手紙にたよるほかはなく、だれもが不便を感じていました。アメリカとイギリスでは、手紙が届くまで1か月もかかるありさまです。モースはイギリスで絵の勉強をしていた時のことを思いだしました。アメリカから妻が死んだというしらせがありました。でも、モースに伝わったのは、とっくに葬式もすんで1週間もすぎてからのことでした。モースは悲しみにくれました。その時のことを思うと、どうしても電信機を製作したい気持ちにかられます。船室にとじこもって、スケッチブックに数字や図をはみでるくらいに書きこみ、一日じゅう、

電信機の開発に、かかりきりになりました。鉄のぼうにまいた針金へ電流を流せば、磁石になって、くぎをすいつける。電流を切ると、はなれてしまう。この原理を応用すれば、信号になるし、アルファベットだって遠くに送れるはずだ、とモースは喜びました。船をおりる時のモースの顔は、電信機を成功させる自信で、晴ればれとかがやいていました。

　アメリカに帰ったモースは、電信機をいくつも作りましたが、実用にたえる機械は、なかなか完成しません。モースは、財産をすべてつぎこみ、貧しさと闘いながら、ねばり強い努力をかさね、1838年に、ほぼ役に立つ電信機ができあがりました。ところが、そんなものはおもちゃだ、という人がおおくて、世に認められるまで、さらに6年もかかりました。でもいったん便利さが認められた電信機は、改良を重ねながら、人びとの生活にかかせないものとして、世界じゅうに普及していきました。

「読書の手びき」

モーツァルト

天才だったモーツァルトは「わたしの心には、いつも、しぜんに、絶え間なく音楽がわきでてきた」と語っています。だから、わずか35年の生涯に600を越える曲を作ることができたのでしょう。しかし、音楽家は宮廷や貴族につかえなければ生活できない時代に、それをことわって自由な道を歩もうとしたモーツァルトの生活は、パンを買うお金もないほどに貧困でした。いまからすれば考えられないことです。それほどの生活苦のなかにありながら、モーツァルトの音楽はどの曲も、やさしさと、美しさと、明るさにあふれていました。それは古い封建的なわくのなかで豊かに暮らすのをことわって、自ら自由の天地におどり出た人間の、みずみずしいいのちが、喜びにかがやき、ほとばしっていたからでしょう。多くの人が、芸術家や、芸術家らしく生きることにあこがれるのは、人生に、自由なたましいを求めようとするからではないでしょうか。

ナポレオン

「わたしの辞書には不可能という文字はない」——これは、あまりにも有名なことばです。燃える愛国心と、強固な意志と、敏速な決断力で人生をきりひらき、35歳の若さで皇帝になったナポレオンの前半生には、たしかに不可能なことは、なにひとつありませんでした。だからナポレオンは200年ごのいまも、ヨーロッパにおける最高の英雄のひとりに数えられています。しかし、英雄であると同時に、侵略者の汚名をきせられていることも事実です。わたしたちは、英雄ナポレオンから、人間のたくましい生きかたについて、多くの教訓を得ることができます。でも、もうひとつ、他国侵略につまずいて島へ流された後半生から、「人間は、おごりたかぶってはならない」「武力で他を制圧しようとしてはならない」とい